Kontaktadresse nach EU-Produktsicherheitsverordnung:
produktsicherheit@fischerverlage.de

Die Gedichte dieses Bandes entstanden in den Jahren 1970 bis 1976. Sie wurden – bevor die literarische Öffentlichkeit Rose Ausländers große lyrische Kraft erkannte – in drei bibliophilen Bänden publiziert, die nur minimale Auflagen erreichten. Die Texte erscheinen hier *zum ersten Mal im Taschenbuch*. Für die Verse Rose Ausländers gilt, was Ulrich Weinzierl in der Frankfurter Allgemeinen schrieb: »Rose Ausländer schuf eine Art Erlösungsformel – dunkle Gedichte, aufgehoben von einer noch im Tragischen fast schwerlosen Heiterkeit. Anders gesagt: erleuchtet von einem Strahl irdischer Gnade«. Der Band enthält ein Nachwort von Walter Hinck.

Rose Ausländer, geboren am 11. Mai 1901 in Czernowitz/Bukowina, gestorben am 3. Januar 1988 in Düsseldorf. Sie studierte Literaturwissenschaft und Philosophie. Die Jüdin überlebte die Jahre der Verfolgung durch die Nationalsozialisten in Czernowitz. 1946 wanderte sie in die USA aus, kehrte 1964 nach Europa zurück und zog 1965 nach Düsseldorf. Seit 1971 lebte sie dort im Elternhaus der Jüdischen Gemeinde. Sie veröffentlichte mehr als dreißig Gedichtbände und erhielt zahlreiche literarische Auszeichnungen, u. a. 1977 den Andreas-Gryphius-Preis, 1980 die Roswitha-Gedenkmedaille der Stadt Bad Gandersheim und 1984 den Literaturpreis der Bayerischen Akademie der Schönen Künste.

Unsere Adresse im Internet: www.fischer-tb.de

Rose Ausländer
Wir wohnen in Babylon
Gedichte

Fischer
Taschenbuch
Verlag

Rose Ausländer – Werke
Herausgegeben von Helmut Braun
Band 6

Die Nutzung unserer Werke für Text- und Data-Mining im Sinne von
§ 44b UrhG behalten wir uns explizit vor.

3. Auflage

© 2024 S. Fischer Verlag GmbH,
Hedderichstr. 114, 60596 Frankfurt am Main

Zusammenstellung für diese Ausgabe
Fischer Taschenbuch Verlag GmbH, Frankfurt am Main
Lizenzausgabe mit freundlicher Genehmigung des
S. Fischer Verlag GmbH, Frankfurt am Main
© 1984 und 1990 S. Fischer Verlag GmbH, Frankfurt am Main
Umschlaggestaltung: Bucholz / Hinsch / Hensinger
Printed in Germany
ISBN 978-3-596-11156-5

Inventar

Einer den andern

Wir alten Kinder
mit eckigen Bewegungen
runden Blicken
scheinverwandelt
an schnellen Namen erkannt
im lückenlosen Zusammen
Geschlecht an Geschlecht
sich hassend
wir lieben uns
einer den andern

Lehmbrot

Häuser zusammengerückt
klettern übereinander
die Luft kann nicht atmen

Du mußt wissen
wir wohnen in Babylon
Worte auseinandergewachsen

Unsere Stirnen übereinander
klettern Falten in Zeichen
wer deutet sie

Steine kauen wir
Wind legt sie uns
in den Mund

Wir bauen
Lehmbrot

Die Uhr

Die Uhr vertreibt
meine Zeit
ins Nirgends
ich ringe um Raum
mit der zwölffingrigen
Null

Glashäuser
Glockentürme
das Volk hat alle Hände voll
Erde
ich bin mein Volk

Bäume wachsen in ihre Wurzeln
Ringe ins Holz
mein Papierfleisch

Die Uhr ein Wiederkäuer
frißt mir Blatt um Blatt
aus der Hand

Inventar

Still wie der Kalender
die Niederschrift
Ziffern Tage Feiertage

Das macht einen Monat ein Jahr
wechselt Sterne aus
öffnet und schließt die Sonne

Das macht Menschenaufgang
und -untergang

Was nicht geschrieben steht
macht nichts

Hinter der Haut

Du
morgens mittags nachts
ein anderer

Ich kenne dich
am Spiel deiner Augen

Du lächelst
sprichst und versprichst

Das Wort hinter deiner Haut
hat einen andern Ton

Man hört ihn nicht
ich höre ihn manchmal
hinter meiner Haut

Mutter Sprache

Ich habe mich
in mich verwandelt
von Augenblick zu Augenblick

in Stücke zersplittert
auf dem Wortweg

Mutter Sprache
setzt mich zusammen

Menschmosaik

Verfall

Dies Auseinanderfallen
in Würfel und Kugeln

Hinausrollen
Zurückprallen

Türme abgebaut
Brücken gebrochen

In Kasten gefesselte
Füße und Hände

Augen ergraut

Verbrämt

Die zerstörte
Heimathaut
verminderte Sehkraft

Wund alle Körperstellen
mit farbigen Bändern
verbrämt

Verscherzt

Ich habe ein Auge verscherzt
bei der Durchsicht
meiner Verluste

Das zweite
novembergrau
nähert sich
dem verjährten
Aprilgrün

Kennwort

Laß das Kennwort
aufblühen
auf unserm gemeinsamen
Erdrest

Auch seine Stacheln sind Bestandteile
unserer Freude am Schauen

Wohin I

Mit Wörtern
bekritzelte Nacht

Geduldige
Papiergefährtin
wohin wandern wir
auf dem Zifferblatt

Unvollendet

Auf meiner Handfläche
geschrieben
Licht- und Schatten-
linien
Liebeslinie Lebenslinie
ein Kreuz
viele Striche
kreuz quer
der Buchstabe A
unvollendet

Ich halte mich fest

Wer hat mir
den Regenbogen
aus dem Blick gerissen

Ich wollte ihn befestigen
an sieben Worten

Im Regen ertrinken
meine Augen

Ich halte mich fest
an einem Blatt
an diesem Papierblatt

Ostern II

Der Weg auf der Landkarte
führt zum gespaltenen Meer

Worte die ich
ins Wasser warf
vor meiner Geburt
aufgefangen von Fischantennen
die lautlos berichten
was ich vergaß

Porös im Ozean
atmet der Kiemenwald
die Legende

Bringt mich zurück
die Landkarte

In der Küche
leuchten die Monde
des mythischen Brotes

Aus dem Ärmel der toten Mutter
hol ich die Harfe
der Wind im östlichen Hirtental
rührt die Saiten

Plagen und Wunder
Sandschlangen

Das Zicklein
das Zicklein

Ebenbild

Dein Ebenbild
aus Holz Gold Granit

Dienst ihm
wenn du sinkst in den Traum
aus dem Traum dich erhebst

Unsterblich
der erwählte Gott die Göttin
trägt deine Züge
zu Markte führt dich
am Gängelband auf dem Korso
verspricht dir den Schatz
läßt dich sitzen im Gotteshaus
vor dem Ebenbild

aus Holz
Gold
Granit
Weihrauch und Wunder
unsterbliche Statue
allein
allein mit deinem
Ebenbild

Ohne Visum

Gericht

Durch eine Hintertür
schlich ich
ins Paradies

Ein Pfeil holte mich ein
als ich den Apfel stahl
drang in eine Rose
meine Schwester
brach ihr Genick

Männer trugen die Bahre
in die spiegelbedeckte Kammer
der Rabbi schnitt mein Kleid ein
sagte Kaddisch und
streute mir Asche ins Haar

Ich füllte sieben Tage
mit Gram
die Kerze auf meiner Wange brannte
ich trank den letzten Tropfen Talg

»Du sollst nicht schlafen!«
rief mit Feuerzunge
der Engel im Docht

Erwachen I

Aus zerrütteten Träumen
erwachend
im Nessellager

ich beobachte
den Bau
gigantischer Galgen

für mich
und
mein Volk

Gestern

Gestern nahm ich
Abschied von mir
warf meinen Paß ins Meer

Im Amarellenwald
bin ich gut aufgehoben
die alte Amme erkannte
meinen Schatten
in ihrer Hütte schlafe ich
mit erwachten Sternen

Jakob ringt mit Engeln
ich stehe ihm bei
mit meiner Freude
ich steh bei der Leiter
im Milchlicht
auf dem Grab meiner Amme

Ohne Visum

Ohne Visum zur Welt gekommen
sie drückt kein Auge zu
unsereiner ist immer
verdächtig

Ich hisse ein weißes Taschentuch
auf dem Aussichtsturm
nach allen Richtungen

mache mir Hoffnung
auf ein Visum nach Liebe
im grünen Glauben
Keime

Es könnte sogar
Frühling werden

Schwarze Taube

Schwarze Taube
Mitternacht

den Schlafzweig bring
nach der Tagesflut

Leg ihn auf den
wachen Nerv

wenn die Welt
sich wendet
Sterne ihren Tod
vollenden

Damals weißt du
Friedensvogel
warst du weiß

Heute hat
die finstre Farbe
mehr Gewicht

Der Zweig
eine leichte Arche
Schlaf

Wir teilen

Land verloren
die vertrauten Dinge

Kein Wort mehr darüber

Unsere Toten
intakt
wohnen bei uns

Wir teilen mit ihnen
unsere vergeßliche
Erde

Abstimmen

Unablässig
im Gespräch mit der
vielstimmigen Zeit

Worte
Wörter

Abstimmen
wieviele bleiben
der Rede
wert

Tropfen

Von den Fingern
tropfen
Worte auf den
papiergewordenen Baum
dunkle Blätter im
weißen Herbst
die uralte Arbeit
schwärzlicher Tropfen
im unregelmäßigen Rhythmus
rinnen
die Zeilen der Zeit

Rede stehn

Ich bewaffne mich
mit einem Fisch
er soll für mich
Rede stehn

Ich kann ihm
das Wasser
nicht reichen

Niemand

Ich bin König Niemand
trage mein Niemandsland
in der Tasche

Mit Fremdenpaß reise ich
von Meer zu Meer

Wasser deine blauen
deine schwarzen Augen
die farblosen

Mein Pseudonym
Niemand
ist legitim

Niemand argwöhnt
daß ich ein König bin
und in der Tasche trage
mein heimatloses Land

Arche

Im Meer
wartet
eine Arche
aus Sternen

auf die
überlebende
Asche
nach der Feuerflut

Jagd

Endloses Spiel
katzmausen
erdauf erdab

Jagd
bis in den Biß
ins geronnene Blut
am Friedhof begraben
die Wunde

Was sollen Blumensarg
Trauergepränge die
Klage um den Kadaver
aus Traum

Füll die Uhren mit Sand
gib den Apfel dem Wurm
begrab den Engel
aus Asche

Auch ich

Auch ich bin
in Arkadien geboren
bei Sonnenaufgang
friedlich im Fruchtwasser
die Luft eine Herausforderung
an den Atem

Auch mir
blühten duftige Mutterworte
Auch ich wuchs auf
unter phantastischen Legenden

Das Gruseln erlernte
auch ich
als Menschen
Gesicht und Gewicht
verloren

Auch ich verlor
meinen Namen
unter Namenlosen

Auch ich
fragte das Nichts
nach dem Sein

frage und
höre
höre
höre
die Antwort
des Echos

Überreste

Wer den Weg
durch den Steinbruch weiß
wird die Überreste Arkadiens
erreichen

Im Marmor blühen noch Blumen
die Traube reift im Stein

Dein Schatten steht
kerzengerade
im Säulengang des Tempels

Vertrau nicht der Janussonne

Morgen ist
Arkadien ein Schatten
der Rückweg
ein unzugänglicher Steinbruch

Es regnet

Im Herbst
sind die Häuser
heimatlos

In welches
verirrst du dich

Du redest zur Wand
über den Frühling

Das Fenster spannt auf
einen Regenbogen

Kommen die Fremden
suchen Wohnung
ihre nassen Schritte
klopfen an deinen
Puls

du redest zur Wand
über den fremden
Frühling

Es regnet

In Memoriam Paul Celan

»Meine blonde Mutter
kam nicht heim«
Paul Celan

Kam nicht heim
die Mutter

nie aufgegeben
den Tod

vom Sohn genährt
mit Schwarzmilch

die hielt ihn am Leben
das ertrank
im Tintenblut

Zwischen verschwiegenen Zeilen
das Nichtwort
im Leerraum
leuchtend

Heinrich Heine

Er war ein Lied
seines Landes

jener Hexe
mit goldenem Haar

die sein Vaterlandswort
verwandelte
in einen Fluch

Johannes Bobrowski

Türen offen
hinter dem Abschied
wiedergrün
deine Hügel

Auch der Regen
auf dem du geritten
kommt wieder
Kranich und Kahn

Flöße stromab
Stämme aus deinem Wald
oder vom polnischen Nachbarwald

Windstimmen
Espengespräche

Dein Wort
hier gewachsen
in der Sonnenzeit
Sonnenfinsterniszeit

wächst weiter
verwurzelt
im Echo

An Pablo Neruda

»Gebt mir Urlaub,
 daß ich geboren werde«
Pablo Neruda

Dein Erdherz
vom Wortquell gestärkt
Harfe der Beredsamkeit
du Blitz
Katarakt
du Magnet

Dein Puls registriert
jeden Lichtverlust
jeden Leuchttrieb

Zauberformel dein Zorn
schenkt der Banalität
Aufschwung und Intelligenz

Unser Planet hat noch Raum
für ein Zusammenspiel
menschlicher Schönheit

Unter der Nachtkruste hör ich
deine Beschwörung
denk
wie fest ist die Erde
in deiner Hand
eine Minutenübung

Ich
ein Klümpchen Materie
im Kometensturz
komme zu dir
Pablo
gib mir Urlaub
daß ich geboren werde

Kopf eines Blinden

*Zu einem Gemälde von
Wilhelm Leibl*

Aufgehoben
im Schlaf
Erwachen tut weh

Gerüche abtasten
Stimmen

Ich seh Worte
die wohnen
in meinem Ohr

Auf meiner Wange
muttermild
Sonne
zuweilen
eine Züchtigung

Grenzen
nicht überschreiten
meine Schritte
zählen

überlegen
wie
werde ich
ich

Namen I

Bleiben werden
die schönen Namen
Los Angeles
San Francisco

Im Dunst erstarrt
die Disneystadt
verblichene Muster
der Kinofabrik

Auf Hippiehaar
reitet Wind
durch das Goldtor

Die Jungen
stampfen
NEIN

Lebt wohl
schöne Namen
lebt wohler
in der Windzeit

Wo die Stadt aufhört

Wo die Stadt aufhört
ist das Licht
um einen Schatten heller

Kinder schenken Hügeln
das Echo

Bald wird die grüne Milch
weiß

Unter dem Regenbogen
strömendes Himmelshaar

Nackt wäscht sich
der Frühling
du findest ihn
wo die Stadt sich verliert

Bruchteil

Wenn ich
ich sage
meine ich auch
dich
ohne den ich nicht
singen könnte
meine Trauer
die auch Freude ist
an unserem Zusammenspiel

Bruchteil
meines bestürzenden
Überlebens

Das Auge III

Schmelz der Regenbogenhaut
das Augenwasser
gießt Glanz
in die Rundung
hier ruht der Kern
im zarten Regen

dem Erblinden
zugesichert

Das Spektrum
dreht sich
um seine Achse
über die Lichtbrücke
gehen alle Erscheinungen
in die Linse

Welt nicht müde
einzutreten

Dein Körper

Dies Fleisch
aufrecht
unter farbigen Fetzen

Schläuche winden sich
um die Hungersäule

Gesammelt im schlagenden Becken
dünne Rinnsäle
ununterbrochen hin und zurück

Liebe und Furcht
mit dem Nabel verknotet
ein Faden zur Scham

Behutsames Weiß
im obersten Zentrum
das Weißgewinde
rote Spuren verfolgen
ein imaginäres Wild
das sich nicht
einfangen läßt

Jahresende

Unter dem Weihnachtsbaum
verendet
die alte Zahl

Leg sie
zu den feuerfesten Akten

Öfen
hungrig
kauen Papier

Wir sind nicht
fertig geworden
mit der Schneesaat
im Eiskornfeld

Das Jahr fällt
tot
auf den Baum
der leben wollte

Scharf

Haus mit durchbrochenen
Wänden

Eulen die blinden
Fenster
schauen uns an
und sehen uns nicht

Türen aus Wind
gehen aus und ein

Hebt uns die Zeit
aus den Angeln

Am Rosenstock grünen
Dornen
scharf wie die Splitter
unserer Hoffnung

Ströme

Der Fluß
und sein Delta

Strömende Lebenslinien
gespalten

Striche
Stürze
geordnete Zufallsorte

Rechenschaft

Ich zähle die ersten
Buchenblätter und lege
Rechenschaft ab

Im Windschritt
breitspurig
mein blinder April

Ich zähle die Pulsschläge der Zeit
harte Geburten
mein Puls registriert sie

Ich rechne mich durch
zu zahllosen Tatsachen
mit Hilfe der Null

Tatorte wandern in mir
kann nicht zählen
die Wanderworte

Eilige
legen nicht Rechenschaft ab

Wenn

Wenn wir auferstehen
von allen Übeln
ohne Fäulnisgeruch
im Osterwort des Baal-Schem

wenn nicht unsere Übel auferstehn
und wir den unsterblichen
Bruder Kain begraben

wenn Moses wieder das Angstmeer
glättet
und wir Verschiedenen
auferstehen
unser Brot backen
in der Sonnenoase
Schlaf aus dem
Sternquell schöpfen

wenn wir einkehren
in unser zukünftiges Erbe
im Osterwort des Baal-Schem

wenn

feiern wir Passah
das auferstandene Fest

Transit

In der Schlacht
geschlagen
Truppen im Transit

Wir strecken
die Waffen

Nimm uns gefangen
Herr
in den Frieden

An der Grenze

Angelangt
an der Grenze
zwischen
nichther nichthin

zerschnitten
die blutende Fahne
färbe ich mit Milch

fülle den Traumkrug
mit Milch

für Schneewittchen
meine scheintote Schwester

Mein Schlüssel

Mein Schlüssel
hat das Haus verloren

Ich gehe von Haus zu Haus
keines paßt

Den Schlosser
habe ich gefunden
mein Schlüssel paßt
zu seinem Grab

Komet

Der große Komet
gekrümmter Säbel
verkündete Krieg

Er schlitzte die Luft auf
zerschnitt alle friedlichen Fäden
das melodische Muster
zerfiel

Unsre Angst flog
ins Nest
des finstersten Sterns

wo die schwarzen Gedanken
brüten

In einem Atemzug

Mit fransigen Fichten
in Dorna
steh ich in meiner Bewegung

trage Länder in der pochenden Kapsel
und meine Landlosigkeit

Stehen und wandern in einem
Atemzug

verstehst du

dieses kurze
langangebundene Atemholen
entlang schnellen Blumen
und herbstroter
Verwesung

Drei Buchstaben

Ich gehe ihm aus dem Weg
laufe ihm in den Weg
der lebenslang um mich wirbt
mit schwarzer Magie

Ich verwandle ihn
in ein Wort
drei Buchstaben
der Wohlklang tut weh

Während

Sonntagsschlummer im Gras
du ahnungslos
was unter dir fault und atmet
Mutterstaub Vatergebein
unermüdlich das Wühlen
der Würmer
kriegauf kriegab Freiheitslieder
gesungen Menschen niedergemäht
während du ruhst
beginnt ein Gemetzel
wann geht es zu Ende mit den
Zuendegelebten
während
du eine Sonntagsstunde
verschläfst

Fremdwort

Laß mich mit meinen
verschollenen Legenden
auswandern
in meine vier Wände

Ich habe das Unsichtbare
gerochen und geschmeckt
es liegt mir auf der Zunge
ein Fremdwort
für dich

Wächst noch

Wir die Letzten oder
die Ersten zum Himmel
eine Blume im Mund
asterngelb
darüber entzündeter Mars
wir Töchter
dicht beieinander
atmen noch ein das Aroma der Erde
am Rand unsrer letzten Frage
die wächst in uns
wächst noch
unendlich

Am Rand I

Am Rand eines Gedichtes
leben während der Tag
auf einer dunklen Wolke
davonfliegt
und Menschen sich verstohlen
Zeichen geben

Am Rand eines Gedichtes
erinnert sich der Traum
an ein Gespräch das man
vergessen hatte

jene zusammenklingenden Einzelheiten
im Wortglanz
und seinem Schatten

Winter I

In der Drachenwohnung
haben wir uns eingerichtet

Schon blühen
glitzernde Eisfarren
auf der Scheibe
und der lachende Schneemann
kehrt den Wind
vor unsrer Tür

Wir träumen
daß es einen Schlafengel gibt

Generationen

Wir erkennen uns nicht
zu weit zwischen uns
die Jahre

Feuer
brannte ein Loch
in die Zeit

Die Sterne
zu weit zwischen uns

Der Fixstern
kennt nur
sich selber

Einheitsstaub

Wir
Wortgewandte

gläubige Ketzer
Sternflieger
verliebt
in die Erde
die wir verbrennen
auf Scheiterhaufen

und singen Hymnen
auf den elektrischen Staub

Einheitsstaub
der uns aufbaut
abbaut

Nicht fertig

Das Fenster
Gegenstände
mein fremder Körper
im Spiegel
das Fenster

Ich möchte alles beschreiben
wie es ist
es ist nicht es wird
dunkel

ich werde nicht
fertig

Janus

Eintagsfliegen tanzen
ihren Tod

Verliebter Schritt
zertritt den zierlichen
Eidechs

Gelber Fleck grüner Fleck
todumwittertes Leben

Diese Helle
im dunklen Punkt der Pupille

Die Amsel bestätigt
was der Wind
widerruft

Goyas schwarze Serie

Schwarz
schwärzer als schwarz
Pupillenangst

Genius
im finsteren Feuer
tanzt
sein Schatten

Den die Dämonen lieben
gnadenlos

wild singt im
Hexensabbatsee
der schwarze Schwan

Südliche Landschaft

Aus dem Nichts
erlöst
diese Blumen
jede in ihre Farbe vertieft

Düfte
Stengel und Staubgefäße
Münder genährt
von geläuterter Luft

Ruhend bewegt
Berge und Bäume
verdichtetes Harz
im Fichtenatem
erdwärts
in grünen Kugeln
Wein

Eingewurzelt im Licht
die Sonne geht auf
im Pflanzengeist
hier am Hang vor dem Abhang
wo der Tag sich aufrichtet
an Wipfel und Stamm

Du
ein Gewächs im Aroma der Sprache
verzweigt
mit dem Sonnensystem
mit der irdischen Landschaft
und dem Wortschatz der
inspirierten Luft

Zuvor

Eh die Zeit anfing
zwischen Himmel und Gras
ich lief unter Jubelgebell
zu schlummernden Weiden

Die Nachtigall weckte sie
eh die Zeit anfing
lernte ich fliegen
ich lernte nicht flog
mit dem Pruth
fischbefiedert
die Flügel im Fleisch
aus Luft

eh die Zeit anfing
Sommer
richtig wie der Atem
ein Schwalbenspiel
arglos

bis
der glückliche Hund
vergiftet im Garten lag
und der Garten lag grau
in der vergifteten Luft

Etüden

Monotone Etüden
die Regenlitanei
weckt den Schlaf er rollt
auf Schnüren in mein
Bewußtsein mit
dumpfen Schritten
marschieren
tote Regimenter
durch mein Hirn
namenlos gesichtslos
die Zeit
weint einen Trauermarsch
vor unbekanntem Richter
heb ich die Hand zum Schwur
unschuldig
ich bin
nur
ein Tropfen
rinne
in den Mund
der durstigen Erde

Das Gleiche

Buchstaben haben mir
den Krieg erklärt

Ich erkläre ihnen
den Frieden

Altbefreundete Feinde
wir haben
die gleiche Waffe
den Bogen

die gleiche Fahne
den weißen Bogen

Erkenntnis

Eva
die Schlangenfreundin
erkannte
was ihr bevorstand
Feuer der Lust
die zersplitterten Söhne
im Schoß

Papiertempel

Mein Papiertempel
aus Palästina
wo ich ein Dattelbaum war

In meinem Geäst
sangen Vögel
die Hoheliedlandschaft

Metamorphosen durchwandert
das Lied verlernt

Ein paar Worte
blieben
Fremdwörter
Flügel Liebe Ruh

Ich schreibe sie
an die Tempelwand

Andere Zeichen

Dichten

Sieben Höllen
durchwandern

Der Himmel sieht
es gern

geh sagt er
du hast nichts
zu verlieren

Blind

Ich bin blind

Ein Vorübergehender sagt
neben Ihnen geht ein Gedicht
es sucht Sie

Wie sieht es aus

Es ist blind
seine Lippen
leuchten

Verrat II

Der Spiegel sagt
du bist nicht du

Ich bitte ihn
verrat mich nicht
ich schenk dir einen
feinen Rahmen

Der Spiegel sagt
ich bin dein Rahmen
du bist
mein Bild

Ferngespräch

Die Stimme im Draht
ruft mich

Ich frage
nach ihrem Namen
sage meinen

Wir grüßen einander
fern und gegenwärtig

Ein Wort ums andere
ein Ritt

über Draht und Zeiger
wächst
der Raum zusammen

Zwei Stimmen
einstimmig

Zwei
verbundene Namen

Trost I

Erzengel Luzifer
ich will deinen
Ungehorsam liebkosen
die gefallenen Flügel
mit meinen gebrochenen
umarmen
dich trösten mit meinem
verwundeten Wort

Andere Zeichen

Ein Windstoß fährt
in die Papierfächer
reißt einen Vers heraus
fegt ihn mit der Kirchenasche
zum rostigen Blätterhügel

Das Gedicht
wird nicht stimmen
aber am Himmel stehn
andere Zeichen

Der Schlüssel

Mein Zimmer
hat viele Türen

Jede führt in ein
anderes Zimmer
mit vielen Türen

Wortlos gehe ich
von Tür zu Tür
von Zimmer zu Zimmer

ich höre mein Schweigen

höre fremde Stimmen
ein Echo von Worten
hinter einer Tür
die verschlossen ist

Wo ist der Schlüssel
das Schlüsselwort

Pause

Die Pause braucht mich
um sich zu sammeln

Verstohlen
hol ich aus ihrer
entzündlichen Stille
den Funken

Ritual I

Die Sonne übt
ihr Ritual
lichtauf lichtab

Wir
unter der Sonne
Faden an Faden
hängen an unserm
Schattendasein

Poem

Was nie mein war
kommt wieder
zügellos
Flügel aus Wind

Dem keiner traut
er sät was sät er
der raubt und sät
Staub

Staubfäden Laub
wir wachsen zusammen
luftige Finger ich habe
für jeden ein Blatt

Papier weiße Fahne ich schreibe
ich schreib ein Poem
aus Schatten
Irrlichter im Lid

Wo sind die
Finger verstreut

im Wind die
Fahne flattert
verwischt die Schrift
er triumphiert
entführt was er sät
– Was sät er

Im Wunder

Ich verliere mich
im Dschungel der Wörter

finde mich wieder
im Wunder
des Worts

Rückwärts

Gleise verschoben
der Zug fährt rückwärts
die Großmutter
ist in festlicher Stimmung

Wir fahren zum Kaiser
sagt sie er liebt uns Juden

Ich strickte ein weißes Wams
aus purem Flaum
reich es ihm mit den Worten
Majestät von Deinen
loyalen Juden

Als ich es ihm darbot
war es
ein unbeschriebener Bogen Papier

Passah I

Bringt mich zurück
die Landkarte

In der Küche
leuchten die Monde
des mythischen Brotes

Aus dem Ärmel der toten Mutter
hol ich die Harfe
ein Wind vom östlichen Hirtental
rührt die Saiten

Plagen und Wunder
Sandschlagen

Das Zicklein das Zicklein

Einzug

Nackte Ankömmlinge
von der Brandung
begrüßt

Myrtenwege
führen zu Lufthütten
einer Schar
Verschollener

Im Wasser
verwurzelte
Namen

Wir ziehen ein
in die Legende
ihrer Augen

ziehn Furchen
im Meeresacker

Die Gefährten

Sand und Salz
in den Schuhen
die fußlos wandern

Strandentlang
mit nackten Sohlen
folge ich ihnen

Welle um Welle
ertrunkene Gefährten
schwimmen ans Ufer
mit Muschelgeschenken

Meine Füße waschen sie
waschen weg
meine Spur

Wandlung II

Wir kamen heim
ohne Rosen
sie blieben im Ausland

Unser Garten liegt
begraben im Friedhof

Es hat sich
vieles in vieles
verwandelt

Wir sind Dornen geworden
in fremden Augen

Alter Becher

Komm mit Hochzeitsjuden
zum Taschentuchtanz

Ausgeschlafen den Rausch
kein Wein im Hungerkeller
Ratten rollen dir zu
die leeren Flaschen

Füll sie mit Wasser
Hundstage nahen
heißer als Glühwein

Vom eignen Schatten beschützt
trink
aus verschnörkeltem Becher
Wermutwasser

Karzer

Ich sing das verbotene
Apfellied
das vor der Geburt erlernte

Karzer
in der Rumpelkammer
fegt mich der Besen
zu Papierblumen
und Gerümpel

Eine Spinne fängt ein
meine Gedanken
die blättern
im samtroten Album
jung die toten Eltern

Nur ich wurde alt
im alten fleckigen
Spiegel

Kurort

Trink dich heil
vom unstillbaren Durst
der dich trinkt

Bade dich heil vom
Alptraum
in den Gelenken

Hier wird kuriert
die Gicht des Vergessens
das Wasser tut Wunder
vergißt nicht
dich zu erinnern

jenes Fichtenfest
Dorna
im sprühenden Quecksilberbad

Hinter drohenden Bergen
stand schon in voller Rüstung
trefflich getarnt
das Heer

Phönix

Phönix
mein Volk
das verbrannte

auferstanden
unter Zypressen und
Pomeranzen

Honig
von bitteren Bienen

Salomos Lied
die uralte Landschaft
hügelbeflügelt
im Echo
jerusalemneu

Hinter der Tränenwand
die Phönixzeit
brennt

Auf Krücken

Deine dünne Spur
hier

Atmend
den Geruch der Körper
unterscheiden

Du fliegst den hohen Traum
er läßt dich fallen

Frühgeburten
Verwirrung im Schoß

Masken und Mord

Unser Jahrhundert
tanzt
auf Krücken

Das Erbe I

Wo
in der österreichlosen Zeit
wächst mein Wort
in die Wurzeln

Ans Buchenland
denk ich
    entwurzeltes Wort
    verschollene Vögel

auch an Safed
wo ich taubstumm bin
aber
vielleicht dichtet dort
das Erbe
für mich

Zwischen Haien

Fahrt
zwischen Haien

Unser Schiff
schwankt

Wann
ankert
ein Land
am Grund
unserer
Angst

Auf Barrikaden

Wir auf Barrikaden
immer
dreht sich der Erdball
mit uns revoltiert
gegen sich selber

Wir Erzväter Erzmütter
Urenkel
drehen die Zukunft
auf Barrikaden
aus Steinen
Worten
Blut

Mühlen aus Wind

Das tägliche Brot
kommt uns teuer zu stehen

Mühlen aus Wind
mahlen Sandmehl

Am Rand einer Rinde
ernährt sich
die Not

Gib was du nicht hast
Liebe dem Nachbarn

Was suchst du
im flüchtenden Wasser
Narziß

Mit dem Sieb

Mit dem Sieb
schöpfe ich Wasser
für meine Mühle

halte die Flügel in Gang
mit meinem Atem

mahle
den Hunger

Fragebogen

Der Fragebogen
soll ausgefüllt werden
ja oder nein
verschollene Namen und Daten
woher wohin
Unterschrift eidlich

Ja ich war einmal geboren
mein Wiegenland ist tot
ich bin Untermieter
in der Hölle
hab meinen Namen vergessen
drei eigene Kreuze
Amen

Die Gefahr

Die Gefahr hat
keine Furcht

Sie kennt
ihre weiblich-
männliche Macht
die Ohnmacht der Opfer

Wiederkäuer

Im übersättigten
Hungerjahrhundert
kaue ich die Legende
Frieden
und werde nicht satt

Kann nicht verdauen
die Kriege sie liegen
mir wie Steine im Magen
Grabsteine

Der Frieden
liegt mir am Herzen
ich kaue
kaue
das wiederholte Wort
und werde nicht
satt

Spannung

Meine Haut
tätowiert
mit verworrenen Zeichen

Nachts
liege ich in einer Urne
da wohnt
die verbrannte Welt

Am Morgen öffne ich
die Augen der Sonne

Sie steht auf
und spannt mich
vor die Räder
der Uhr

Särge

Gewohnt
auf den Schultern
Särge zu tragen
schwer
vom Abfall der Zeit

Dann ruh ich
hölzern
im Gras
das mich trägt
als wär ich
ein Sarg

Dein Haus

Die Sonne sagt
schlaf dich wach
mein Kind
ich leuchte dir
heim

Der Regen
ich weine um die
verbrannten Kinder
mein Kind
weine mit mir

Staub
mit erstickter Stimme
mein Haus ist
dein Haus

Der Brunnen II

Im verbrannten Hof
steht noch der Brunnen
voll Tränen

Wer weinte sie

Wer trinkt
seinen Durst leer

Wann I

    ist die Zeit um
wann
    kommen die Kinder heim
    vom Feld
wann
    wächst wieder Grashaar
    auf der rasierten Erde

Im Zimmer
    zwölf Zahlen
    umkreisen dich
    plappernd
    NO EXIT

Am Ende der Zeit

Wenn der Krieg beendet ist
am Ende der Zeit

gehn wir wieder spazieren
in der Muschelallee
einverstanden
mit Mensch und Mensch

Es wird schön sein
wenn es sein wird

am Ende der Zeit

Arles

Auch hier
brannte der Strauch

Der es sah
entbrannte
in Liebe zum Feuer
hielt es in Atem
verzehrend

Gelb

Es zog ihn
in den Sonnenstrudel

Welt
wahrgemalt
vom Wahn

Pieta II
Für Nelly Sachs

Abgetragen das Dach
mit dem Schwalbennest
Ziegel dem Feuer zum Fraß

Im Wolkenfloß
wasserbeladen
strömst du
zum brennenden Haus

versengte Seelen im Arm
Pieta
wem fielen die Schmetterlingsflügel
zum Opfer

Brüchige Burg
auf dem Sandberg
morsches Haus im Morast

Wo
Schwester der Schwalben
Schmetterlingsschwester
wo finden sie
Zuflucht

Georg Trakl

Melancholie
vorabendblau

Staubgeflüster

Im Schattenlaub
brechen Tiere zusammen

Der Herbst ist ein
goldener Kadaver

Wald
blutende Wunde

Deine Wunde
heilte nicht
Georg

Käthe Kollwitz

Im Schatten der Mütter
haben Kinder
das Gruseln erlernt

In ihren Augenhöhlen
nisten
Hungervögel

Angstwangen
Schwarz an Schwarz

Paul Celans Grab

Keine Blumen gepflanzt
das sei überflüssig

Nichts Überflüssiges
nur
wilder Klatsch-Mohn
schwarzzüngig
ruft uns ins Gedächtnis
wer unter ihm
blühte

Gilcos

Jahrzehnte
in die Wangen gekerbt
Wunschbesucher
in erinnerter Schlucht

Auf der Felswand
stimmen die Zeichen
Zelte Hörner Kreuz
ein Testament
vom Blitz geschrieben

Ich kaue den zähen
Jahrzehntetag
Kiesel und Kalk
Lawinenhände
winken
mir ab

Krankes Geröll
oder sehe ich
Giftgewölk
fiebern

Israel II

Zurück
ins zukünftige
Meinland Deinland

Hier
heißt der Stein
Zeder Zitrone

Unvergeßlich
die stählernen Brüder
vergaßen den Schlaf

Nicht ins Schlaraffenland
komm
ins stachlige Hier

Auf rebellischem Boden
verläßlich die Hüter
pflanzen
beständigen Traum

Komm
ins Zurück
die Stacheln grünen

Saft
aus dem Stein
schlägt der
Mosessohn

Strand im August

Muschelmuster
die Toten schimmern

Feuer
aus Sand

Meer
auf unsre Brandwunden
streust du
Salz

Juli II

An jedem Halm
schärft Sonne ihre Messer
wetzt es an unserer Haut

Wir wehren uns
springen
von Schatten zu Schatten

Hemmungsloses Gestirn
was haben wir dir getan

Mitverschworen
auch Schatten sind
Schergen im Plan

Wir träumen
Quell und Stab
Moses schlag
ans Steinherz der Sonne
uns dürstet nach
Nacht

Letzte Mutter

In Blut und Wasser geboren
erzogen im Urwald
der Großstadt

Ein Dschungel grenzt
an den andern
durch Messer getrennt

Mit dem Lichtgipfel fliegen
im Giftfluß schwimmen

Letzte Mutter
Luft
wir bringen sie um

Austausch

Wer kennt nicht
die Beruhigung der Sterne
wenn die Nacht
ihre Träume abtritt
an unsern Schlaf

Schatten
Fische
Schaukeln im Fluß
diese Flut von Berührungen

Verschieden
sind die Formen
der Liebe
und Angst

wenn die Nacht
ihren Schlaf abtritt
an unsere Träume

Litanei I

Die Luft geht
durch mich wie
durch Luft

Atem

ununterbrochene
Luftlitanei

Herbst IV

Die goldnen Adern
vollblütig
verblutend

Begegnung
auf roten Teppichen
braunen Laubflüssen

Wir treffen uns
wo die Mitte
überschritten ist
im Herzen
wo

die dunkle Waagschale
sich senkt

Nachtstück

Messing des Mondes

Du
unter dem Wanderkreis
deine eckige Form
ein zappelnder Vogel
verwirrt im Glück
deines Nachtgefieders

ehe der Morgen
dich wieder fesselt
und dein Rätsel
Fragen stellt

Verwundung

Dein Gesicht
das Auge
in deinem Gesicht
der Glanz im
Aug deines Gesichts

Aug in Aug
diese helle
Verwundung

Mit feinen Messern

Atem an Atem
mit Licht und Staub

zu jungen Blumen
kommen wir altes Geschlecht
wie jung wie alt
ist das Löwenzahn-Luftherz

Staub ist immer
was bleibt unter dem Blau
diese weltweite Glocke

Messer und Sterne verschluckt
aus unserer Hand
fraß das Feuermaul Angst

Atem an Atem
mit dem Licht mit dem Nichts
zu jungen Blumen kommen wir
altes Geschlecht
Schlafwandler
sichern Schritts
wir kommen nachts mit
feinen Messern der Liebe
schneiden den Mond
aus dem Staub

Erde I

Ich bin im Zimmer
es ist in mir

bin im Haus das
in mir wohnt

Die Erde auf der
ich gehe
rollt in mir
durch den Weltraum

Ich trage das Haus
auf den Schultern
zerlege mein Zimmer
in sechs Tafeln
und schreibe auf ihnen
die Erde

Luft

Auf wieviel Flügeln
ruht die Luft

Schweben ist schwer
das Oben
bodenlos

Luftspiegelung
ein Traum im Sand

Wir pflanzen Wörter
im Luftfeld
gehen
von Wort zu Wort

Auf wieviel Flügeln
ruhen wir
im Gehn

Maskenspiel

Ein Tag wie alle
Tage im Jahr
eingetragen
in die Buche als
feiner Ring

Der Hahn kräht
Menschen üben Verrat
ihre Zähne blitzen
andere hängen ihre
Trauer auf Weiden

Ein Tag wie alle Tage
im Kreis
dreht sich die Hochzeit
unter dem Baldachin
siebenmal Braut sanftes
Mondmädchen um den Mann
Die Nacht schließt sich ab
öffnet
Milchtüren unhörbar
tritt ein
der Traum mit
Blumen und Dolch
ein Maskenspiel
alle Nächte im Jahr

Das Ziel

Das Ziel ist an mir
vorübergegangen

Als ichs erkannte
war es schon
am Horizont
angelangt

und verlor mich
aus den Augen

Im Zelt

Die lebenslang aufgeschobene
Tibettraumreise

In den Rhein
werf ich die ausgegrabenen
Wurzeln des Pruth
da schwimmt mein Haus
die Welt auf dem Dach

Völker
besuchen mich
im wandernden
Zigeunerzelt

Im Spital

Im anonymen Zimmer
mein Zelt aufgeschlagen
Wand weiße aus Leinwand
ich sticke
mit der Astralnadel
ein Muster von Sonnenfäden
um geliebte Gesichter
sie steigen ins
Thermometer
schnell wie der Atem
im schwankenden Zelt
Vier Windflügel
umarmen es nehmen es mit
ich reise
reise vorbei am behinderten Bett
ins ziellose Land

Gute Legende

Vergiß den Donner
wenn du abfeuerst
den Blitz
in die Trägheit

Er schont Eidechsen
kleine Tiere
vergangene Gedanken

Ruhe
die gute Legende
im Schatten

Wer warf
dein Lächeln
in den trockenen Brunnen

Auf dem Boden liegt
ein gesprungenes Herz
frischer Farbfleck

Stille Nacht

Wer sagt daß ich singe
ich singe nicht ich sage
schön diese Nelke im Glas
atmet noch
das Märchen Vorbei

Schnee schon schwarz
unter dem Fenster
Stille Nacht vielstimmig
Wand hinter Wand

Auf diesem Blatt
der Schatten
ist meine Hand
sie schreibt die Nacht
ist ein Schatten mein Partner
drängt ich muß packen
meine Zeit verreist

Miteinander
Für Marie Luise Kaschnitz

Du
und der Kirschbaum
und die rasende Straße
und der Ozean
und der Blitz

Du
und deine Angst
und dein Zorn
und dein Aberglaube
und dein Glaube
   »Let My People Go«

Du
und der Stern
und das Wort Stern
und das Hauptwort
und das Nebenwort

und das Nebeneinander
und das Miteinander
und
   du

Bekenntnis I

Ich bekenne mich

zur Erde und ihren
gefährlichen Geheimnissen

zu Regen Schnee
Baum und Berg

zur mütterlichen mörderischen
Sonne zum Wasser und
seiner Flucht

zu Milch und Brot

zur Poesie
die das Märchen vom Menschen
spinnt

zum Menschen

bekenne ich mich
mit allen Worten
die mich erschaffen

1970–1976

Das Licht

Das Licht
hat keine Geheimnisse
Es reist
mit offnen Koffern

Die Grenzbeamten
haben es leicht
bei seiner Durchsuchung –
es gibt sich ihnen
lächelnd preis
läßt sie wühlen
in den Landschaften
die im Gepäck
untergebracht sind

Wenn es schlafen geht
hält ein Moor Wacht
über sein abgewandtes Gesicht

Durchsichtig

Diese Stunde
wird durchsichtig

Ich durch-
schaue sie

ihre einhellige
Absicht

mir
eine Stunde
meines Lebens
zu rauben

Farben I

Ich werde nicht müde
anzuschaun
die schönen Körper
weiße schwarze gelbe

Bin müde
anzuhören
die häßliche Rede
über die schönen Körper

Ist dein Gedanke
schwarz gelb oder weiß

Ich möchte ihn malen
als Regenbogenleib

Meine Palette
liebt alle Farben

Die Schere

Um einen hohen Preis
eine Schere erworben
die zurechtschneiden soll
mein Leben

Sie schneidet scharf
und schief

Ste. Chapelle

Regenbogen aus Blut
im Glas
hoch und tief
am Himmel
hier
Farben erschaffen
das Licht
aufwärts
vor deinen Augen
Es blendet nicht
es leuchtet
dir ein

Die Welt

Die Welt hat manchmal
noch nicht begonnen

Die Welt hat aufgehört
festzustehn

Die Welt ein weltweites Ei
aus dem die Erde geschlüpft ist
Panorama aus Vulkanen und Gletschern

Ansammlung von
Pflanzen Tieren Gas

Die Welt im Menschen
zuweilen weltfremd

Die Welt ein Zufluchtsort
für gefallene Engel
tüchtige Dämonen

Die Welt hat zahllose
Elektronengehirne
nichts bleibt ihnen verborgen

Die Welt ein Traum der
sie für wirklich hält

Im Park

Glitzernde Vögel
ihr Flug
in Fontänen
gefangen

Wir führen unseren Schatten
schräg
an der Sonnenleine

Luft
leichter Geist
beschwingt
im Atem der Bäume im
Atem des Wassers

auf seinem Spiegel
Wolkensegel
vom Nordwind
zerrissen

Überall immer

An wen schreibe ich
Mensch
wann bist du
wo
ich schreibe an dich
überall immer
schreibe
du bist
immer komme ich
zurück
zu den Gefährten
den entrissenen den
verbliebenen
den noch nicht erworbenen

Am Ziel

Von einer Sekunde
zur andern
schlagen die Hämmer
der Uhr
eine Brücke

Du gehst
und glaubst manchmal
du seist angekommen
am zeitlosen Ziel

Möwen II

Schwingen
halb Schwerkraft
halb Schwung

Weißflaumgekleidete
entsagen der Erde
im Vertrauen
daß Wasser wirklicher sei

Nichts hat Bestand
nur der Flug

Nachwort

Als die drei Gedichtbände *Inventar, Ohne Visum* und *Andere Zeichen* erschienen (1972 und 1975), hatte Rose Ausländer nach langjähriger erzwungener wie freiwilliger Wanderschaft schon Zuflucht im Heim (im »Elternhaus«) der Jüdischen Gemeinde in Düsseldorf gefunden. Von der Rückkehr in eine ursprüngliche Geborgenheit aber künden diese Sammlungen nicht. »Die zerstörte/Heimathaut«, von der das Gedicht *Verbrämt* spricht, scheint nicht zu verheilen. Die Dichterin, »ohne Visum«, bleibt der »Landlosigkeit« ausgesetzt:

> Ich bin König Niemand
> trage mein Niemandsland
> in der Tasche (*Niemand*).

Und sie kann sich ihr schweres Lebenstrauma, das die Exiljahre und zumal die Gettozeit in Czernowitz (zwischen 1941 und 1944) zurückgelassen haben, nicht aus der Seele reißen. »Noch nicht abgestreift/das Gettokleid«, hieß es in einem früheren Gedicht (*Verwundert*). Auch jetzt noch hat der Alptraum über sie Macht:

> Aus zerrütteten Träumen
> erwachend
> im Nessellager
>
> ich beobachte den Bau
> gigantischer Galgen
>
> für mich
> und
> mein Volk (*Erwachen*).

In ihrem Essay *Alles kann Motiv sein* (1971) schreibt Rose Ausländer über die drei Jahre der SS-Herrschaft in Czernowitz: »Getto, Elend, Horror, Todestransporte... Der unerträglichen Realität gegenüber gab es zwei Verhaltens-

weisen: entweder man gab sich der Verzweiflung preis,
oder man übersiedelte in eine andere Wirklichkeit, die geistige... Und während wir den Tod erwarteten, wohnten manche von uns in Traumworten – unser traumatisches Heim in der Heimatlosigkeit. Schreiben war Leben. Überleben.« Noch angesichts des Todes, in den letzten Jahren, die sie ans Bett gefesselt, also wie Heinrich Heine in der »Matratzengruft« verbrachte, hat sie das poetische Schaffen als Lebenselixier verstanden, ja als lebensspendend:

> Ein Lied
> erfinden
> heißt
> geboren werden

Nicht nur in metaphorischem Sinne war Heimat und Wohnung für Rose Ausländer das dichterische Wort.
Eines der berühmtesten Gedichte der ersten Nachkriegsjahre ist Günter Eichs *Inventur*. Ein Kriegsgefangener registriert fast buchhalterisch die ihm verbliebenen Habseligkeiten. Seine Bestandsaufnahme wird zur Bilanz einer Generation, die an einen Nullpunkt angelangt ist und sich dennoch nicht in die Verzweiflung fallen läßt. Wie Günter Eich Inventur machte, so zieht Rose Ausländer Bilanz in ihrer Gedichtsammlung *Inventar*. Es ist die Bestandsaufnahme einer Exilierten-Generation, der aus den landschaftlichen Bindungen gerissenen und zwischen die Wolkenkratzer Manhattans geworfenen Menschen. Von »Ameisenstaat« und »Babelbau« spricht Rose Ausländer in Gedichten, die in New York entstanden.
An die Erfahrungen jener Zeit knüpft das Gedicht *Lehmbrot* an:

> Häuser zusammengerückt
> klettern übereinander
> die Luft kann nicht atmen

> Du mußt wissen
> wir wohnen in Babylon
> Worte auseinandergewachsen
>
> Unsere Stirnen übereinander
> klettern Falten in Zeichen
> wer deutet sie

Der sagenhafte Babylonische Turm, dessen Erbauer nach biblischer Überlieferung die Spitze bis an den Himmel hinauftreiben wollten, dient als Bild für die Gebäudegiganten, die an die Wolken stoßen, für eine übermütig gewordene Zivilisation. Auch wenn das biblische Motiv der Strafe – Gott verwirrte die Sprache der Erbauer und zerstreute die Frevler über die Erde – nicht ausdrücklich betont wird, so sind doch ihre Folgen sichtbar. Mehr noch: nicht nur die Einheit der Sprache, sondern auch die Verständigung durch Zeichen ist verloren gegangen. Im modernen Babylon kommt es zu keiner wirklichen Kommunikation der Menschen. Um so stärker ist der Wunsch nach einer Sprache, die uns alle wieder verbindet, nach dem Schlüssel zu ihr.

> Laß das Kennwort
> aufblühen
> auf unserm gemeinsamen
> Erdrest (*Kennwort*).

Durch keine Sehnsucht täuschen aber läßt sich das Wissen, daß die paradiesischen Zustände des Goldenen Zeitalters, ein Leben in Einfalt und im Einklang mit der Natur, nicht wiederherstellbar sind, allenfalls für einen Moment, aber auch dann nur in Bruchstücken.

> Wer den Weg
> durch den Steinbruch weiß
> wird die Überreste Arkadiens
> erreichen

> Im Marmor blühen noch Blumen
> die Traube reift im Stein
> ....
> Vertrau nicht der Janussonne
>
> Morgen ist
> Arkadien ein Schatten
> der Rückweg
> ein unzugänglicher Steinbruch (*Überreste*).

Wiederkehr, Anzeichen einer Wiedergeburt gibt es für Rose Ausländer in einem anderen Sinne. Die geplante »Endlösung«, die totale Vernichtung des jüdischen Volkes, ist trotz der ungeheuren Opfer nicht Wirklichkeit geworden. Von der Asche in den Verbrennungsöfen von Auschwitz und anderen Lagern nimmt die Bildlichkeit des Gedichtes *Phönix* ihren Ausgang:

> Phönix
> mein Volk
> das verbrannte
>
> auferstanden
> unter Zypressen und
> Pomeranzen
>
> Honig
> von bitteren Bienen
>
> Salomos Lied
> die uralte Landschaft
> hügelbeflügelt
> im Echo
> jerusalemneu
>
> Hinter der Tränenwand
> die Phönixzeit
> brennt

Es muß offen bleiben, ob der Ort der Auferstehung hier der neugegründete Staat Israel ist – eine Annahme, die sich vom Gedicht *Israel II* her stützen ließe – oder ob das neue Jerusalem und die wieder fruchtbare Landschaft vor allem poetische Bilder für einen mächtig sich regenden neuen Lebenswillen des jüdischen Volkes sind. Auf keinen Fall zu überhören ist die Einschränkung der Freude oder gar des Triumphgefühls: der Honig stammt von »bitteren« Bienen, vor die Zeichen erneuerten Lebens schiebt sich wieder die »Tränenwand«, die schmerzvolle Erinnerung; und im Bild des Phönix bleibt das Feuer gegenwärtig, aus dessen Asche er erstieg.

In einer Reihe von Widmungsgedichten an andere Lyriker und in autobiographischen Essays zieht Rose Ausländer Linien in die Literaturgeschichte, in deren Schnittpunkt sie sich selber sieht. In Czernowitz hielt sie Heinrich Heine gegen die Fernwirkung des Scharfrichters Karl Kraus die Treue. Allerdings wäre dann den Erfahrungen des Gettos Heinesche Ironie nicht gerecht geworden. Hölderlin, Trakl und Rilke drängten sich entschiedener auf, auch Else Lasker-Schüler und Georg Heym, später Nelly Sachs und Marie Luise Kaschnitz. Doch ausgeprägte Abhängigkeiten sind kaum zu finden.

Zunächst galt, was sich allgemein in Randgebieten deutscher Sprache oder in Enklaven innerhalb fremder Sprachgebiete beobachten läßt, auch für Rose Ausländer: unter dem Zwang der Selbstbehauptung und der Verteidigung des poetisch Bewährten bewegte sie sich im Korsett der Überlieferung, in traditionellen Reim- und Strophenformen, in feierlichem Leidenston und naiver Naturmetaphorik. Viele ihrer im Getto entstandenen Gedichte leiden noch unter diesem Festhalten an dichterischen Mitteln, die manchmal anachronistisch und oft wenig originell wirken. Erst in späteren Gedichten ist, wiederbeschworen durch die Erinnerung, die Gettoerfahrung in die adäquate lyrische Gestalt eingegangen. Und erst die künstlerische »Neuerweckung« durch den ebenfalls aus Czernowitz stammenden und in Paris lebenden Paul Celan hat die entscheidende Wende in der dichterischen Entwicklung eingeleitet.

Es ist die Begegnung mit dem französischen Surrealismus, die Celans Sprachbewußtsein und Poetologie verändert hatte, und es sind die beiden Begegnungen mit Celan während der Europareise von 1957, denen Rose Ausländer ihre Öffnung zur modernen Lyrik verdankt. Auf alle Versdekorationen aus dem Fundus der Poesie verzichtet sie nun zugunsten der unregelmäßigen und reimlosen, nur rhythmisch gebundenen Lyrik. Sie entwickelt eine besondere Technik des Zeilenbruchs und zieht den Ausdruck von Erinnerungen und Erfahrungen in nur wenigen dichterischen Bildern zusammen. Manchmal leben diese Gedichte sogar von einem zentralen Bild, das alle Leuchtkraft an sich zieht.

Der Gedanke der Konzentration, des Verzichts auf bloßes Rankenwerk beherrscht auch das Gedicht, mit dem Rose Ausländer das Andenken ihres Freundes und Mentors ehrt:

> Paul Celans Grab
>
> Keine Blumen gepflanzt
> das sei überflüssig
> Nichts Überflüssiges
> nur
> wilder Klatsch-Mohn
> schwarzzüngig
> ruft uns ins Gedächtnis
> wer unter ihm
> liegt

Von Paul Celan wurde Rose Ausländer zu jener Form geführt, mit der sie sich in den achtziger Jahren ihr Publikum geschaffen hat. Das Gedicht *Pieta II* zeigt, welcher Dichterin sie sich schwesterlich verbunden fühlte. Es ist der anderen großen jüdischen Dichterin der Nachkriegszeit gewidmet, der Nobelpreisträgerin Nelly Sachs, deren Namen das Haus trägt, das Rose Ausländers letzte Herberge war.

Walter Hinck

Editorische Notiz

Nach fünfjähriger Pause erschien 1972 wieder ein Buch von Rose Ausländer – eigentlich eine *Nichtveröffentlichung*, handelte es sich doch um den kostbaren, bibliophilen Band *Inventar*, der neben 13 Gedichten der Autorin großformatige Siebdrucke von Otto Piene enthielt und dessen Verkaufsauflage nur 80 Exemplare betrug.
Anfang 1975 (Copyright-Angabe 1974) veröffentlichte der kleine Sassafras Verlag in Krefeld den schmalen Band *Ohne Visum* von Rose Ausländer. In der Sassafras-Kneipe in Düsseldorf hatte sie, wie viele andere unbekannte und bekannte Autoren, ihre Gedichte vorgetragen. Die Resonanz war so stark, daß sich der kleine Verlag entschloß, die vorgetragenen und weitere Gedichte ein einer Auflage von 1000 Exemplaren zu veröffentlichen.
Und wieder war es 1975 ein kleiner Verlag, der Concept Verlag in Düsseldorf, der sich entschied, ein weiteres Buch – *Andere Zeichen* – herauszubringen. Naturgemäß wieder in einer kleinen Auflage von 800 Büchern.
Bei solchen Auflagen mußte Rose Ausländer zwangsläufig ein literarischer Geheimtip bleiben.
1976 jedoch gelang ihr der endgültige Durchbruch. Die drei vorgestellten Bände erschienen mit zwei weiteren und rund einhundert unveröffentlichten Gedichten als *Gesammelte Gedichte* im Literarischen Verlag Braun in Köln. Dank der hohen Auflage und Dank des überwältigend positiven Medienechos wurde damit Rose Ausländer der Weg zu ihren Lesern gebahnt.
Die Gedichte fanden auch Aufnahme im Gesamtwerk Rose Ausländers und zwar im dritten Band *Hügel / aus Äther / unwiderruflich*. Im Taschenbuch liegen die Gedichte erstmalig vor.

Helmut Braun
Königswinter, Januar 1992

Zeittafel

1901	Rosalie Beatrice »Ruth« Scherzer, wird am 11. Mai in Czernowitz/Bukowina (Österreich) geboren.
1907–1919	Schulbesuch Volksschule, Lyzeum Czernowitz und Wien.
1916–1918	Kriegsbedingter Aufenthalt in Wien.
1919	Matura in Czernowitz Seit 1919 intensive Beschäftigung mit der Philosophie (Platon, Spinoza, Constantin Brunner). Mitglied im Ethischen Seminar in Czernowitz.
1919/1920	Studium der Literatur und der Philosophie an der Universität Czernowitz.
1920	Der Vater stirbt.
1921	Im April Auswanderung in die USA zusammen mit Ignaz Ausländer.
1921/1922	Aufenthalt in Minneapolis/St. Paul und Winona. Hilfsredakteurin bei der Zeitschrift *Westlicher Herold* und Redakteurin der Kalenderanthologie *America Herold* (bis 1927). Hier publiziert sie ihre ersten Gedichte.
1922	Ende des Jahres Übersiedlung nach New York.
1923	Bankangestellte.
1923	Am 19. Oktober Heirat mit Ignaz Ausländer.
1926	Erhalt der Staatsbürgerschaft der USA. Gründungsmitglied des Constantin-Brunner-Kreises in New York.
Ende 1926	Trennung von Ignaz Ausländer.
1927	Einmonatiger Besuch bei Constantin Brunner in Berlin.

	Acht Monate in Czernowitz zur Pflege der erkrankten Mutter. Danach Rückreise nach New York.
1930	Am 8. Mai Scheidung von Ignaz Ausländer.
1931	Anfang des Jahres Rückkehr nach Czernowitz (Rumänien) zusammen mit dem Graphologen Helios Hecht, mit dem sie in den Folgejahren zusammenlebt.
1931–1936	Gedichtpublikationen in Zeitungen, Zeitschriften, Anthologien, journalistische Tätigkeit, Übersetzungen, gibt Englisch-Unterricht.
1934	Aberkennung der amerikanischen Staatsbürgerschaft wegen dreijähriger Abwesenheit aus den USA.
1936	Trennung von Helios Hecht. In den Folgejahren überwiegender Aufenthalt in Bukarest. Arbeitet in einer Chemischen Fabrik als Fremdsprachenkorrespondentin.
1939	Reisen nach Paris und New York. *Der Regenbogen*, Rose Ausländers erste Buchpublikation, erscheint in Czernowitz.
1941–1944	SS-Truppen besetzen Czernowitz. Rose Ausländer wird im Getto der Stadt gefangengesetzt und darf nach Auflösung des Gettos die Stadt nicht verlassen. Zwangsarbeit, Todesnot, Kellerversteck. Sie lernt Paul Celan (Paul Antschel) kennen.
Frühjahr 1944	Im Frühjahr besetzten russische Truppen die Bukowina. Die jüdische Bevölkerung wird befreit. Rose Ausländer arbeitet in der Stadtbibliothek in Czernowitz.

1945	Im Dezember Ausreiseantrag nach Rumänien.
1946	Im August Ankunft in Bukarest. Im September über Marseille Ausreise nach New York.
1947	Die Mutter stirbt in Satu Mare, Rumänien.
bis 1961	Arbeit als Fremdsprachenkorrespondentin bei der Spedition Freedman & Slater, New York.
1949–1956	Rose Ausländer schreibt ihre Gedichte ausschließlich in englischer Sprache.
1957	Von Mai bis November Europareise, zeitweise mit Miriam Grossberg. Drei Treffen mit Paul Celan. Reisestationen: Rotterdam, Paris (und Frankreich), Italien, Griechenland, Spanien, Norwegen, Wien (und Österreich), Schweiz, Paris, Amsterdam.
1961	Am 8. Dezember endet krankheitsbedingt die Tätigkeit bei Fredman & Slater.
1963	Im Mai Reise nach Wien, wo der Bruder und dessen Familie aus Rumänien kommend im Flüchtlingslager eingetroffen sind. Vierwöchiger Aufenthalt in Israel.
1964	Kurze Rückkehr nach New York zur Vorbereitung der endgültigen Übersiedlung nach Wien.
1965	Übersiedlung in die BRD, nach Düsseldorf. *Blinder Sommer*, Rose Ausländers erste Buchpublikation seit 1939 erscheint in Wien.
1966	Rente und Entschädigung als Verfolgte des Naziregimes.

bis 1971	Zeit des Reisens in Europa.
	1968 letztmalig für sechs Monate in den USA.
1966	Silberner Heine-Taler des Verlages Hoffmann und Campe, Hamburg.
1967	Droste-Preis der Stadt Meersburg. *36 Gerechte*
1972	Endgültiger Einzug ins Nelly-Sachs-Haus, das Elternhaus der jüdischen Gemeinde in Düsseldorf.
	Inventar
1974	*Ohne Visum*
1975	*Andere Zeichen*
1976	*Gesammelte Gedichte*
	Mit diesem Band beginnt die Zusammenarbeit mit dem Literarischen Verlag Braun, Köln.
	Noch ist Raum
1977	Ida-Dehmel-Preis der GEDOK
	Gryphius-Preis
	Letzte öffentliche Lesung anläßlich der Preisverleihung.
	Zur Eröffnung der Ausstellung »Rose Ausländer« im Heinrich-Heine-Institut, Düsseldorf verläßt die Autorin letztmalig das Nelly-Sachs-Haus.
	Doppelspiel
	Aschensommer (erstes Taschenbuch)
	Selected Poems (London, erste Auslandsausgabe)
1978–1988	Bettlägerig.
1978	Ehrengabe des BDI.
	Mutterland
	Es bleibt noch viel zu sagen
1979	*Ein Stück weiter*
1980	Roswitha-Medaille der Stadt Bad Gandersheim.

Die Zusammenarbeit mit dem S. Fischer Verlag, Frankfurt, beginnt.
Einverständnis.

1981 *Mein Atem heißt jetzt*
Im Atemhaus wohnen
Einen Drachen reiten

1982 *Mein Venedig versinkt nicht*
Südlich wartet ein wärmeres Land

1983 *So sicher atmet nur Tod*

1984 Literaturpreis der Bayerischen Akademie der schönen Künste.
Die Herausgabe der *Gesammelten Werke* (GW) im S. Fischer Verlag beginnt.
Hügel / aus Äther / unwiderruflich (GW Band 3)
Im Aschenregen / die Spur deines Namens (GW Band 4)
Ich höre das Herz / des Oleanders (GW Band 5)

1985 *Die Sichel mäht die / Zeit zu Heu* (GW Band 2)
Die Erde war ein atlasweißes Feld (GW Band 1)
Ich zähl / die Sterne meiner Worte

1986 Literaturpreis des Verbandes der Evangelischen Büchereien für *Mein Atem heißt jetzt*
Wieder ein Tag / aus Glut und Wind (GW Band 6)

1987 *Ich spiele noch*
Der Traum / hat offene Augen

1988 Am 3. Januar stirbt Rose Ausländer in Düsseldorf im Nelly-Sachs-Haus. Sie wird auf dem jüdischen Friedhof im Nordfriedhof in Düsseldorf beerdigt.
Und preise die kühlende / Liebe der Luft (GW Band 7)

1990 *Jeder Tropfen / ein Tag* (GW Band 8)
Mit diesem Band liegt das Gesamtwerk Rose Ausländers vollständig vor.

Alphabetisches Verzeichnis nach Titeln

Abstimmen   31
Alter Becher   97
Am Ende der Zeit   115
Am Rand I (Am Rand eines Gedichtes)   65
Am Ziel   153
Andere Zeichen   86
An der Grenze   57
An Pablo Neruda   43
Arche   35
Arles   116
Auch ich   37
Auf Barrikaden   104
Auf Krücken   101
Austausch   126

Bekenntnis I (Ich bekenne mich)   141
Blind   82
Bruchteil   48

Das Auge III (Schmelz der Regenbogenhaut)   49
Das Erbe I (Wo/in der österreichlosen Zeit)   102
Das Gleiche   75
Das Licht   145
Das Ziel   135
Dein Haus   112
Dein Körper   50
Der Brunnen II (Im verbrannten Hof)   113
Der Schlüssel   87
Dichten   81
Die Gefährten   95
Die Gefahr   108
Die Schere   148
Die Uhr   9
Die Welt   150
Drei Buchstaben   61
Durchsichtig   146

Ebenbild   21
Einer den andern   7

Einheitsstaub 68
Einzug 94
Erde I (Ich bin im Zimmer) 132
Erkenntnis 76
Erwachen I (Aus zerrütteten Träumen) 26
Es regnet 39
Etüden 74

Farben I (Ich werde nicht müde) 147
Ferngespräch 84
Fragebogen 107
Fremdwort 63

Generationen 67
Georg Trakl 118
Gericht 25
Gestern 27
Gilcos 121
Goyas schwarze Serie 71
Gute Legende 138

Heinrich Heine 41
Herbst IV (Die goldnen Adern) 128
Hinter der Haut 11

Ich halte mich fest 19
Im Park 151
Im Spital 137
Im Wunder 91
Im Zelt 136
In einem Atemzug 60
In Memoriam Paul Celan 40
Inventar 10
Israel II (Zurück/ins zukünftige) 122

Jagd 36
Jahresende 51
Janus 70
Johannes Bobrowski 42
Juli II (An jedem Halm) 124

Käthe Kollwitz 119
Karzer 98

Kennwort 16
Komet 59
Kopf eines Blinden 45
Kurort 99

Lehmbrot 8
Letzte Mutter 125
Litanei I (Die Luft geht) 127
Luft 133

Maskenspiel 134
Mein Schlüssel 58
Mit dem Sieb 106
Miteinander 140
Mit feinen Messern 131
Möwen II (Schwingen/halb Schwerkraft) 154
Mühlen aus Wind 105
Mutter Sprache 12

Nachtstück 129
Namen I (Bleiben werden/die schönen Namen) 46
Nicht fertig 69
Niemand 34

Ohne Visum 28
Ostern II (Der Weg auf der Landkarte) 20

Papiertempel 77
Passah I (Bringt mich zurück) 93
Paul Celans Grab 120
Pause 88
Phönix 100
Pieta II (Abgetragen das Dach) 117
Poem 90

Rechenschaft 54
Rede stehn 33
Ritual I (Die Sonne übt) 89
Rückwärts 92

Särge 111
Scharf 52
Schwarze Taube 29

Spannung   110
St. Chapelle   149
Stille Nacht   139
Strand im August   123
Ströme   53
Südliche Landschaft   72

Transit   56
Tropfen   32
Trost I (Erzengel Luzifer)   85

Überall immer   152
Überreste   38
Unvollendet   18

Verbrämt   14
Verfall   13
Verrat II (Der Spiegel sagt)   83
Verscherzt   15
Verwundung   130

Wächst noch   64
Während   62
Wandlung II (Wir kamen heim/ohne Rosen)   96
Wann I (ist die Zeit um/wann)   114
Wenn   55
Wiederkäuer   109
Winter I (In der Drachenwohnung)   66
Wir teilen   30
Wo die Stadt aufhört   47
Wohin I (Mit Wörtern/bekritzelte Nacht)   17

Zuvor   73
Zwischen Haien   103

Alphabetisches Verzeichnis nach Textanfängen

Abgetragen das Dach / mit dem Schwalbennest 117
Am Rand eines Gedichtes / leben während der Tag 65
Angelangt / an der Grenze 57
An jedem Halm / schärft Sonne ihr Messer 124
An wen schreibe ich / Mensch 152
Atem an Atem / mit Licht und Staub 131
Auch hier / brannte der Strauch 116
Auch ich bin / in Arkadien geboren 37
Aufgehoben / im Schlaf 45
Auf meiner Handfläche / geschrieben 18
Auf wieviel Flügeln / ruht die Luft 133
Aus dem Nichts / erlöst 72
Aus zerrütteten Träumen / erwachend 26

Bleiben werden / die schönen Namen 46
Bringt mich zurück / die Landkarte 93
Buchstaben haben mir / den Krieg erklärt 75

Das Fenster / Gegenstände 69
Das Licht / hat keine Geheimnisse 145
Das tägliche Brot / kommt uns teuer zu stehen 105
Das Ziel ist an mir / vorübergegangen 135
Dein Ebenbild / aus Holz Gold Granit 21
Deine dünne Spur / hier 101
Dein Erdherz / vom Wortquell gestärkt 43
Dein Gesicht / das Auge / in deinem Gesicht 130
Der Fluß / und sein Delta 53
Der Fragebogen / soll ausgefüllt werden 107
Der große Komet / gekrümmter Säbel 59
Der Spiegel sagt / du bist nicht du 83
Der Weg auf der Landkarte 20
Die Gefahr hat / keine Furcht 108
Die goldnen Adern / vollblütig 128
Die lebenslang aufgeschobene / Tibettraumreise 136
Die Luft geht / durch mich wie 127
Die Pause braucht mich / um sich zu sammeln 88
Dies Auseinanderfallen / in Würfel und Kugeln 13
Diese Stunde / wird durchsichtig 146
Dies Fleisch / aufrecht / unter farbigen Fetzen 50

Die Sonne sagt / schlaf dich wach   112
Die Sonne übt / ihr Ritual   89
Die Stimme im Draht / ruft mich   84
Die Uhr vertreibt / meine Zeit   9
Die Welt hat manchmal / noch nicht begonnen   150
Die zerstörte / Heimathaut   14
Du / morgens mittags nachts   11
Durch eine Hintertür / schlich ich   25
Du / und der Kirschbaum   140

Eh die Zeit anfing / zwischen Himmel und Gras   73
Eintagsfliegen tanzen / ihren Tod   70
Ein Tag wie alle / Tage im Jahr   134
Ein Windstoß fährt / in die Papierfächer   86
Endloses Spiel / katzmausen   36
Er war ein Lied / seines Landes   41
Erzengel Luzifer / ich will deinen   85
Eva / die Schlangenfreundin   76

Fahrt / zwischen Haien   103

Gestern nahm ich / Abschied von mir   27
Gewohnt / auf den Schultern   111
Gleise verschoben / der Zug fährt rückwärts   92
Glitzernde Vögel / im Flug   151

Häuser zusammengerückt / klettern übereinander   8
Haus mit durchbrochenen / Wänden   52

Ich bekenne mich / zur Erde und ihren   141
Ich bewaffne mich / mit einem Fisch   33
Ich bin blind / Ein Vorübergehender sagt   82
Ich bin im Zimmer / es ist in mir   132
Ich bin König Niemand   34
Ich gehe ihm aus dem Weg / laufe ihm in den Weg   61
Ich habe ein Auge verscherzt / bei der Durchsicht   15
Ich habe mich / in mich verwandelt   12
Ich sing das verbotene / Apfellied   98
Ich verliere mich / im Dschungel der Wörter   91
Ich werde nicht müde / anzuschaun   147
Ich zähle die ersten / Buchenblätter und lege   54
Im anonymen Zimmer / mein Zelt aufgeschlagen   137
Im Herbst / sind die Häuser   39

Im Meer / wartet / eine Arche   35
Im Schatten der Mütter / haben Kinder   119
Im übersättigten / Hungerjahrhundert   109
Im verbrannten Hof / steht noch der Brunnen   113
In Blut und Wasser geboren   125
In der Drachenwohnung / haben wir uns eingerichtet   66
In der Schlacht / geschlagen   56
Ist die Zeit um / wann   114

Jahrzehnte / in die Wangen gekerbt   121

Kam nicht heim / die Mutter   40
Keine Blumen gepflanzt / das sei überflüssig   120
Komm mit Hochzeitsjuden / zum Taschentuchtanz   97

Land verloren / die vertrauten Dinge   30
Laß das Kennwort / aufblüh   16
Laß mich mit meinen / verschollenen Legenden   63

Meine Haut / tätowiert / mit verworrenen Zeichen   110
Mein Papiertempel / aus Palästina   77
Mein Schlüssel / hat das Haus verloren   58
Mein Zimmer / hat viele Türen   87
Melancholie / vorabendblau   118
Messing des Mondes / Du   129
Mit dem Sieb / schöpfe ich Wasser   106
Mit fransigen Fichten / in Dorna   60
Mit Wörtern / bekritzelte Nacht   17
Monotone Etüden / die Regenlitanei   74
Muschelmuster / die Toten schimmern   123

Nackte Ankömmlinge / von der Brandung / begrüßt   94

Ohne Visum zur Welt gekommen   28

Phönix / mein Volk / das verbrannte   100

Regenbogen aus Blut / im Glas   149

Sand und Salz / in den Schuhen   95
Schmelz der Regenbogenhaut / das Augenwasser   49
Schwarze Taube / Mitternacht   29
Schwarz / schwärzer als schwarz   71

Schwingen / halb Schwerkraft   154
Sieben Höllen / durchwandern   81
Sonntagsschlummer im Gras / du ahnungslos   62
Still wie der Kalender / die Niederschrift   10

Trink dich heil / vom unstillbaren Durst   99
Türen offen / hinter dem Abschied   42

Um einen hohen Preis   148
Unablässig / im Gespräch mit der   31
Unter dem Weihnachtsbaum / verendet   51

Vergiß den Donner / wenn du abfeuerst   138
Von den Fingern / tropfen / Worte auf den   32
Von einer Sekunde   153

Was nie mein war / kommt wieder   90
Wenn der Krieg beendet ist   115
Wenn ich / ich sage   48
Wenn wir auferstehen/ von allen Übeln   55
Wer den Weg / durch den Steinbruch weiß   38
Wer hat mir / den Regenbogen   19
Wer kennt nicht / die Beruhigung der Sterne   126
Wer sagt daß ich singe / ich singe nicht ich sage   139
Wir alten Kinder / mit eckigen Bewegungen   7
Wir auf Barrikaden / immer   104
Wir die Letzten oder / die Ersten zum Himmel   64
Wir erkennen uns nicht   67
Wir kamen heim / ohne Rosen   96
Wir / Wortgewandte   68
Wo die Stadt aufhört / ist das Licht   47
Wo / in der österreichlosen Zeit / wächst mein Wort   102

Zurück / ins zukünftige / Meinland Deinland   122

Quellenverzeichnis

Inventar. Gedichte
Mit Siebdrucken von Otto Piene
Guido Hildebrandt-Verlag, Duisburg 1972
Ohne Visum
Poesie und kleine Prosa
Sassafras Verlag, Düsseldorf und Krefeld 1974
Andere Zeichen. Gedichte
Concept Verlag, Düsseldorf 1975
Durchsichtig
In: *Düsseldorfer Nachrichten*, Düsseldorf, 25.04.70
Das Licht
In: *Aufbau*, New York, 18.12.70
Die Schere
In: *Rheinische Post*, Düsseldorf, 17.02.71
Farben I
In: *reutlinger drucke*, Reutlingen, Mai 1971
St. Chapelle
In: *Rheinische Post*, Düsseldorf, 29.04.72
Die Welt
In: *Rheinische Post*, Düsseldorf, 24.02.73
Im Park
In: *Rheinische Post*, Düsseldorf, 01.03.75
Überall immer
In: *Rheinische Post*, Düsseldorf, 12.07.75
Möwen II, Am Ziel
In: *Jahresring 76/77*, Deutsche Verlagsanstalt, Stuttgart 76

Der Abdruck aller Gedichte erfolgt nach der Wiedergabe in den Bänden 3, 4 und 8 der *Gesammelten Werke* Rose Ausländers im S. Fischer Verlag, Frankfurt/Main.

Inhalt

Inventar 5

Ohne Visum 23

Andere Zeichen 79

1970 bis 1976 Gedichte 143

Nachwort 155

Editorische Notiz 161

Zeittafel Rose Ausländer 163

Verzeichnis der Gedichte
   alphabetisch nach Gedichttiteln 169
   alphabetisch nach Gedichtanfängen 173

Quellenverzeichnis 177